shkolla - школа   2
udhëtim - путовање   5
transport - транспорт   8
qytet - град   10
peisazh - пејсаж   14
restorant - ресторан   17
supermarket - супермаркет   20
pije - напитци   22
ushqim - јело   23
fermë - сеоско газдинство   27
shtëpi - кућа   31
dhomë ndenjeje - дневна соба   33
kuzhinë - кухиња   35
tualet - купаоница   38
dhomë fëmijësh - дечија соба   42
veshje - одећа   44
zyrë - канцеларија   49
ekonomi - економија   51
profesionet - занимања   53
mjete - алати   56
instrumenta muzikorë - музички инструмент   57
kopsht zoologjik - зоолошки врт   59
sportet - спорт   62
aktivitet - активности   63
familje - породица   67
trupi - тело   68
spital - болница   72
emergjencë - хитни случај   76
toka - земља   77
orë - сат   79
javë - седмица   80
vit - година   81
forma - облици   83
ngjyra - боје   84
të kundërta - супротности   85
numra - бројеви   88
gjuhët - језици   90
kush / çfarë / si - ко / шта / како   91
ku - где   92

Impressum
Verlag: BABADADA GmbH, Nedderfeld 112 , 22529 Hamburg
Geschäftsführer / Verlagsleitung: Harald Hof
Druck: Books on Demand GmbH, In de Tarpen 42, 22848 Norderstedt

Imprint
Publisher: BABADADA GmbH, Nedderfeld 112 , 22529 Hamburg, Germany
Managing Director / Publishing direction: Harald Hof
Print: Books on Demand GmbH, In de Tarpen 42, 22848 Norderstedt, Germany

shkolla
школа

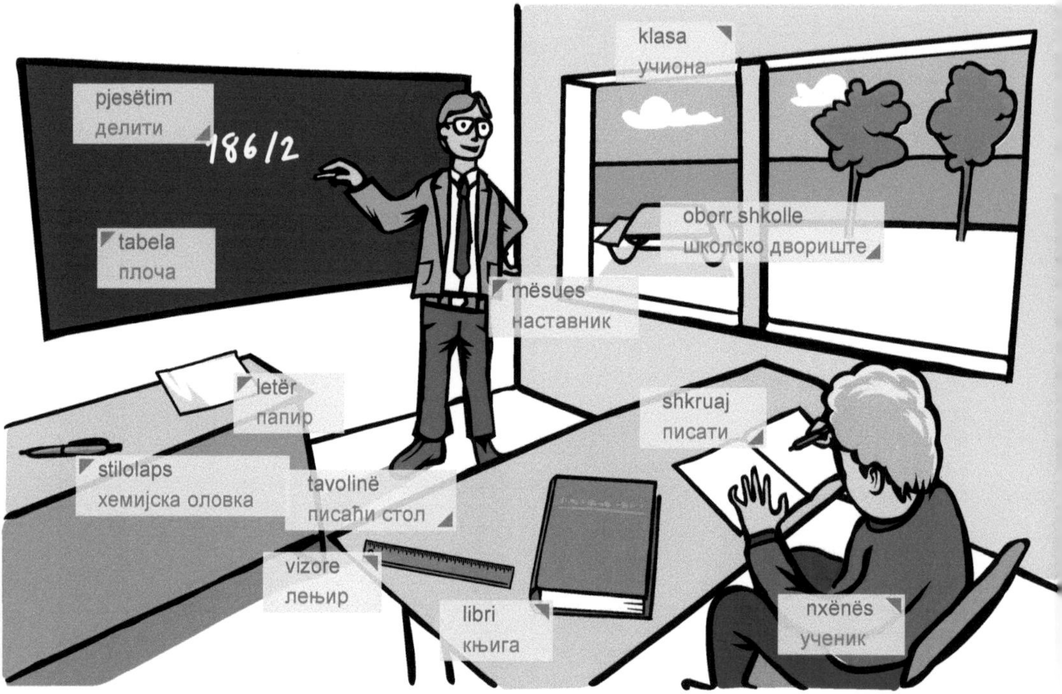

klasa
учиона
pjesëtim
делити
186/2
tabela
плоча
oborr shkolle
школско двориште
mësues
наставник
letër
папир
shkruaj
писати
stilolaps
хемијска оловка
tavolinë
писаћи сто
vizore
лењир
libri
књига
nxënës
ученик

çantë
торба

mbajtëse lapsash
перница

laps
графитна оловка

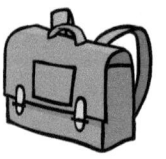

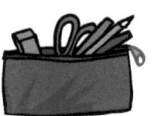

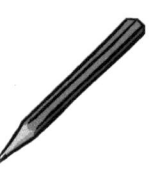

mprehës lapsash
шиљило за оловке

gomë
гумица за брисање

fletore vizatimi
блок за цртање

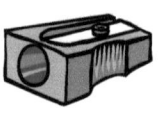

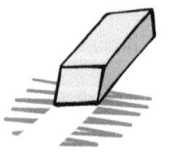

vizatim

цртеж

penel

кист

kuti bojërash

кутија са бојама

gërshërë

маказе

ngjitës

лепило

fletore detyrash

бележница

detyrë shtëpie

домаћи задатак

numër

број

mbledh

сабирати

zbres

одузимати

shumëzoj

множити

llogaris

рачунати

gërmë

слово

alfabeti

абецеда

fjalë

реч

tekst

текст

lexoj

читати

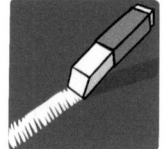

shkumës

креда

mësim

час

regjistër

дневник

provim

испит

çertifikatë

сведочанство

uniformë shkolle

школска униформа

arsimim

образование

enciklopedia

лексикон

universitet

универзитет

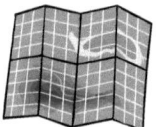

mikroskop

микроскоп

hartë

карта

kosh letrash

кошара за папир

shkolla - школа

hotel
хотел

Grand

bujtinë
преноћиште

ROOMS

EXCHANGE

pikë këmbimi valutor
мењачница

valixhe
кофер

makinë
ауто

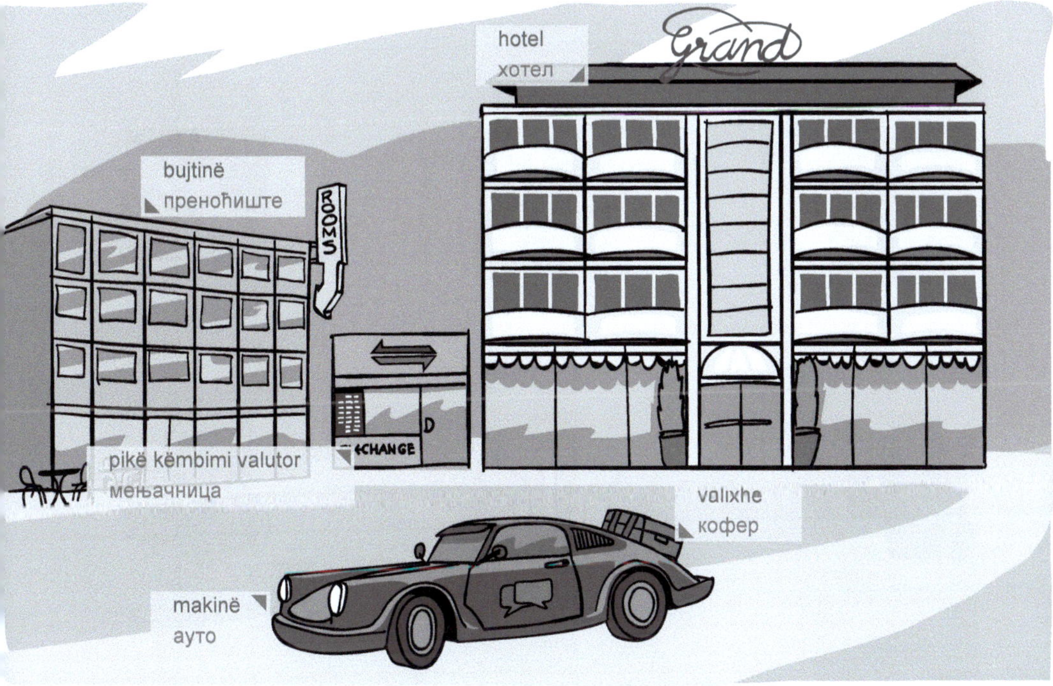

gjuhë

језик

po / jo

да / не

Në rregull

океј

ç'kemi

здраво

përkthyes

преводилац

Faleminderit

хвала

sa kushton…?

Колико кошта…?

nuk e kuptoj

не разумем

problem

проблем

Mirëmbrëma!

добро вече!

Mirëmëngjes!

Добро јутро!

Natën e mirë!

Лаку ноћ!

mirupafshim

довиђења

drejtim

смер

bagazhet

пртљага

çantë

торба

çantë shpine

руксак

mysafir

гост

dhomë

соба

thes gjumi

вређа за спавање

tendë

шатор

informacion për turistët

туристичке информације

plazh

плажа

kartë krediti

кредитна картица

mëngjes

доручак

drekë

ручак

darkë

вечера

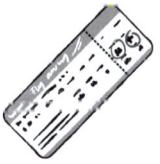

Biletë

карта за вожњу

ashensor

лифт

pulla

поштанска маркица

kufi

граница

doganë

царина

ambasadë

амбасада

vizë

виза

pasaportë

пасош

transport

транспорт

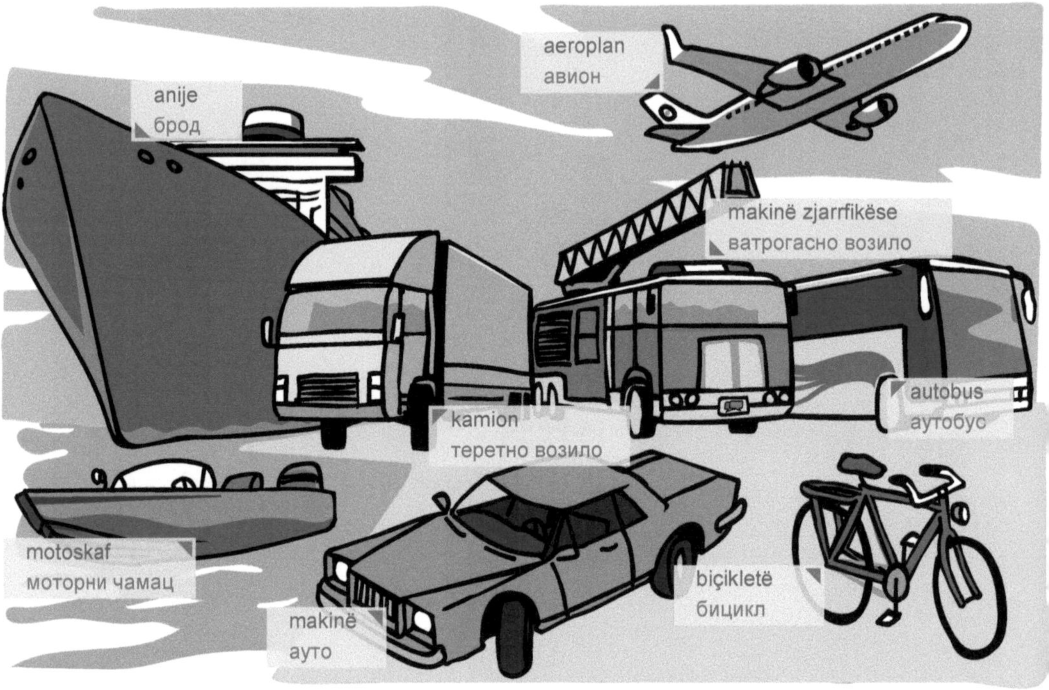
aeroplan
авион
anije
брод
makinë zjarrfikëse
ватрогасно возило
autobus
аутобус
kamion
теретно возило
motoskaf
моторни чамац
biçikletë
бицикл
makinë
ауто

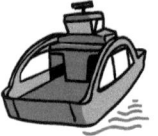

traget

трајект

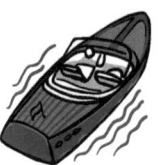

varkë

чамац

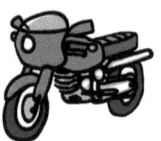

motoçikletë

мотоцикл

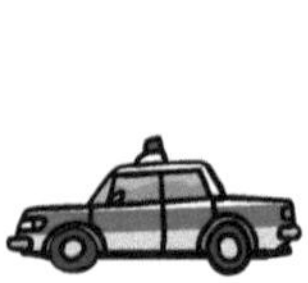

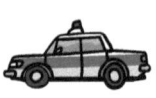

makinë policie

полицијски ауто

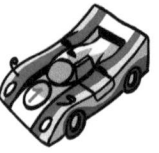

makinë garash

тркаћи ауто

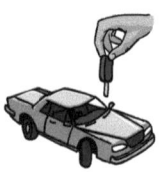

makinë me qira

изнајмљено ауто

ndarje e qirasë së makinës

делење аутомобила

karroatrec

вучно возило

makinë plehrash

возило за одвоз смећа

motor

мотор

benzinë

бензин

pikë karburanti

бензинска станица

sinjalistikë trafiku

саобраћајни знак

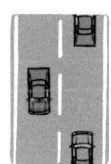

trafik

саобраћај

bllokim trafiku

застој

parkim makinash

паркиралиште

stacion treni

железничка станица

trase

шине

tren

воз

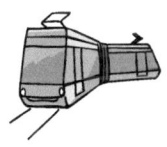

tramvaj

трамвај

karro

вагон

helikopter

хеликоптер

aeroport

аеродром

kullë

кула

pasagjer

путник

kontenier

контејнер

kuti kartoni

картон

qerre

колица

shportë

корпа

ngrihem / ulem

узлетети / слетети

qytet

град

fshat

село

qendra e qytetit

центар града

shtëpi

кућа

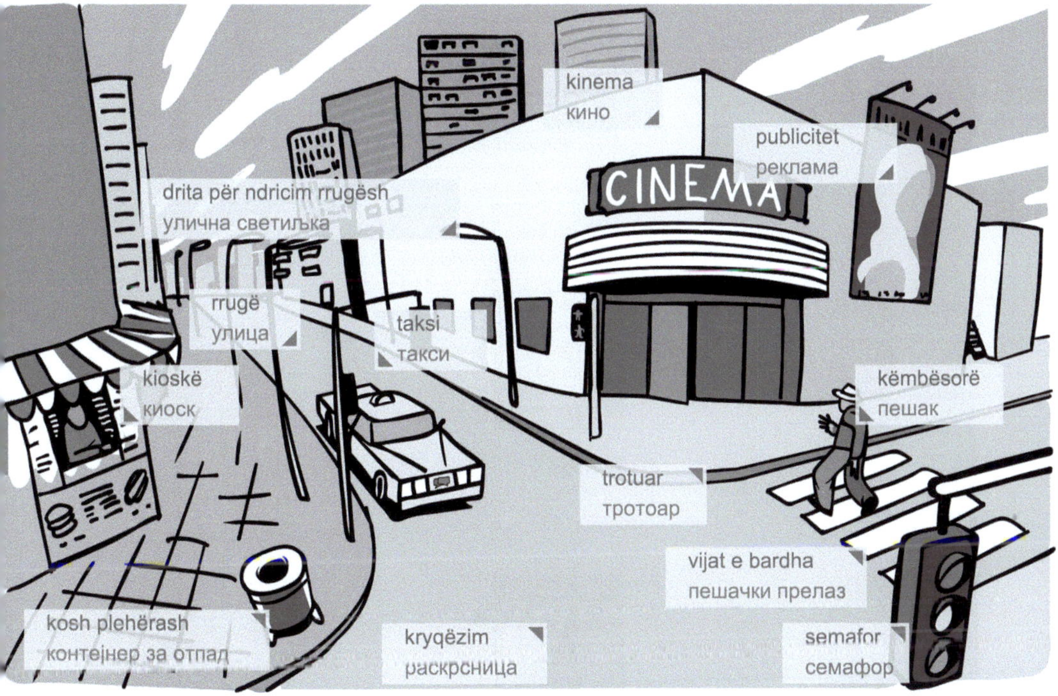

kinema
кино

publicitet
реклама

drita për ndricim rrugësh
улична светиљка

CINEMA

rrugë
улица

taksi
такси

kioskë
киоск

këmbësorë
пешак

trotuar
тротоар

vijat e bardha
пешачки прелаз

kosh plehërash
контејнер за отпад

kryqëzim
раскрсница

semafor
семафор

kasolle

колиба

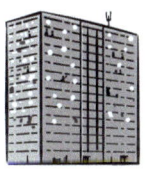

apartament

стан

stacion treni

железничка станица

bashki

већница

muze

музеј

shkolla

школа

universitet

универзитет

bankë

банка

spital

болница

hotel

хотел

farmaci

апотека

zyrë

канцеларија

librari

књижара

dyqan

продавница

dyqan lulesh

цвећара

supermarket

супермаркет

market

трг

mapo

робна кућа

dyqan peshku

рибарница

qëndër tregtare

трговачки центар

port

лука

qytet - град

park

парк

stol

клупа

urë

мост

shkallë

степенице

metro

подземна железница

tunel

тунел

stacion autobuzi

аутобуска станица

bar

бар

restorant

ресторан

kuti postare

поштанско сандуче

sinjalistikë rrugore

улични знак

kohëmatës parkimi

паркирни аутомат

kopsht zoologjik

зоолошки врт

pishinë

базен

xhami

џамија

fermë

сеоско газдинство

ndotje

загађење околине

varrezë

гробље

kishë

црква

shesh lojërash

игралиште

tempull

храм

peisazh

пејсаж

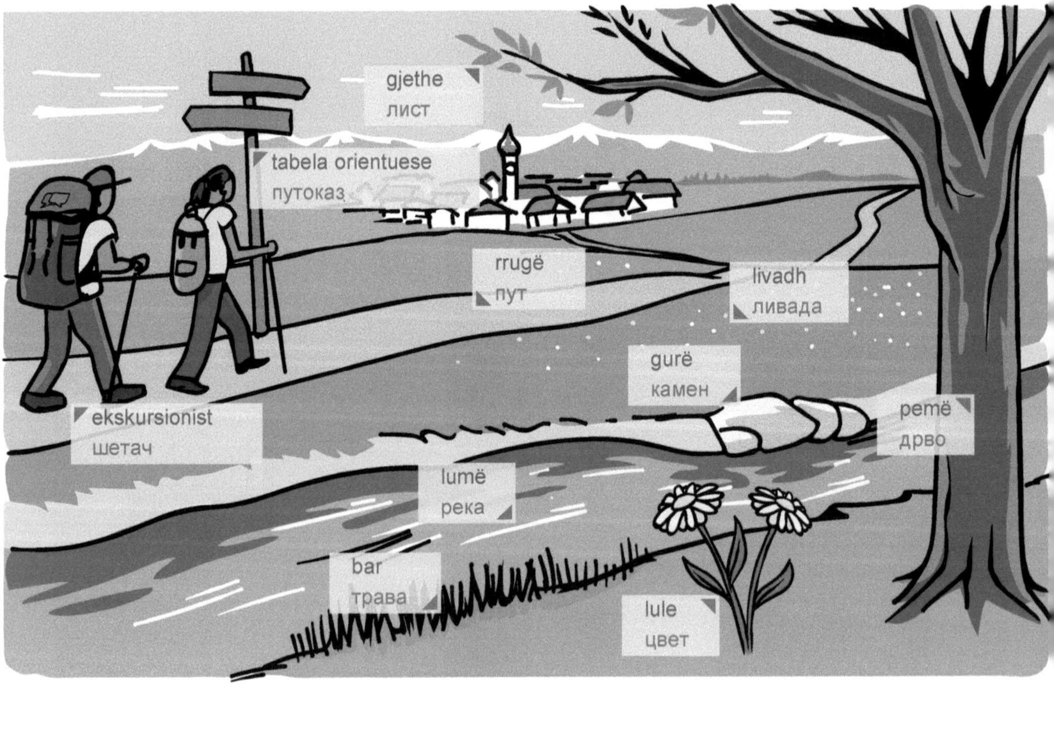

gjethe
лист

tabela orientuese
путоказ

rrugë
пут

livadh
ливада

gurë
камен

pemë
дрво

ekskursionist
шетач

lumë
река

bar
трава

lule
цвет

luginë
долина

kodër
планина

liqen
језеро

pyll
шума

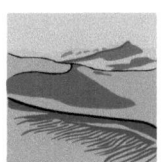

shkretëtirë
пустиња

vullkan
вулкан

kështjellë
дворац

ylber
дуга

kepudhë
гљива

palmë
палма

mushkonjë
москито

mizë
мува

milingonë
мрав

bletë
пчела

merimangë
паук

brumbull

буба

bretkosë

жаба

ketër

веверица

iriq

јеж

lepur

зец

buf

сова

zog

птица

mjellmë

лабуд

derr i egër

дивља свиња

dre

јелен

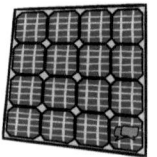

dre brilopatë

лос

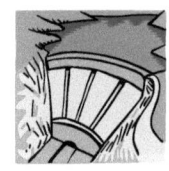

digë

насип

turbinë ere

ветрењача

panel diellor

соларна плоча

klimë

клима

restorant
ресторан

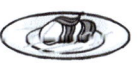

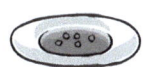

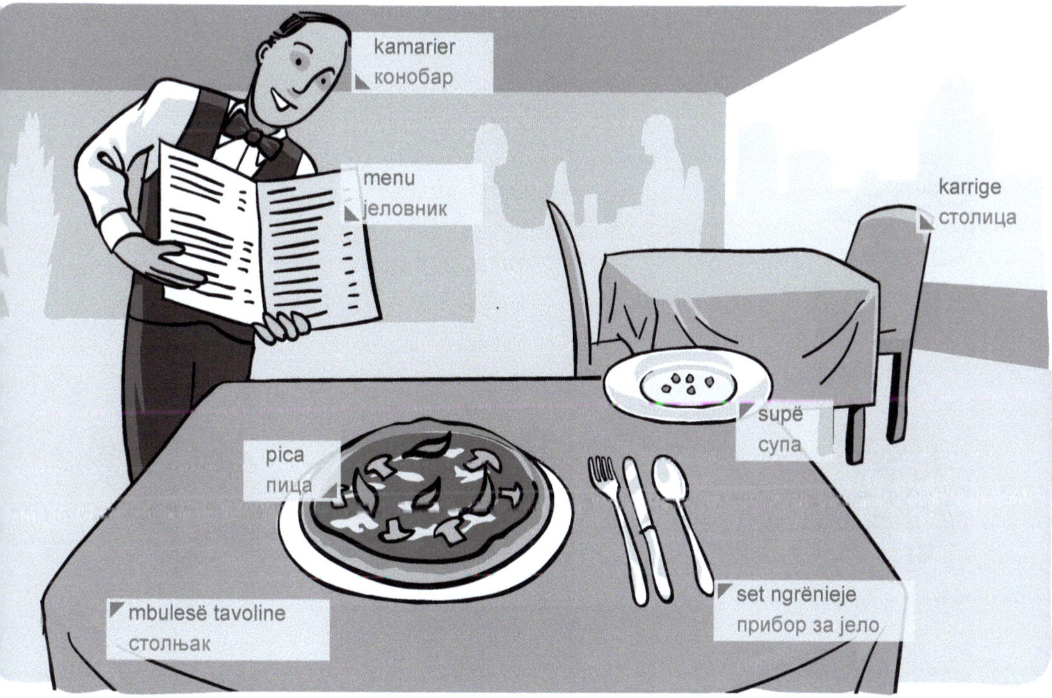
kamarier
конобар
menu
јеловник
karrige
столица
supë
супа
pica
пица
set ngrënieje
прибор за јело
mbulesë tavoline
столњак

pjatë e parë

предјело

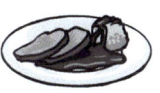

pjatë kryesore

главно јело

ëmbëlsirë

десерт

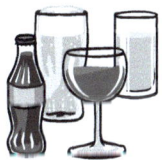

pije

напитци

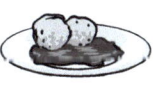

ushqim

јело

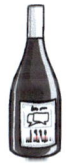

shishe

флаша

ushqim i shpejtë

брза храна

ushqim i shërbyer në rrugë

имбис храна

ibrik çaji

чајник

kuti sheqeri

доза за шећер

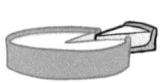

racion

порција

makinë kafeje ekspres

апарат за еспресо

karrige e lartë

висока столица

faturë

рачун

tabaka

послужавник

thika

нож

pirun

виљушка

lugë

кашика

lugë çaji

чајна кашика

pecetë

салвета

gotë

чаша

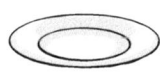

pjatë
....
тањир

pjatë supe
....
тањир за супу

pjatë filxhani
....
тањирић

salcë
....
сос

mbajtëse kripe
....
сољенка

mulli piperi
....
млин за бибер

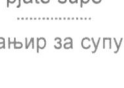
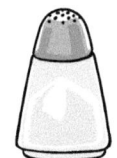

uthull
....
сирће

vaj
....
уље

erëza
....
зачини

keçap
....
кечап

mustardë
....
сенф

majonezë
....
мајонеза

supermarket

супермаркет

ofertë speciale
понуда
FOR
klient
купац
produkte bulmeti
млечни производи
frut
воће
karrocë pazari
колица за куповину

BUTCHERS

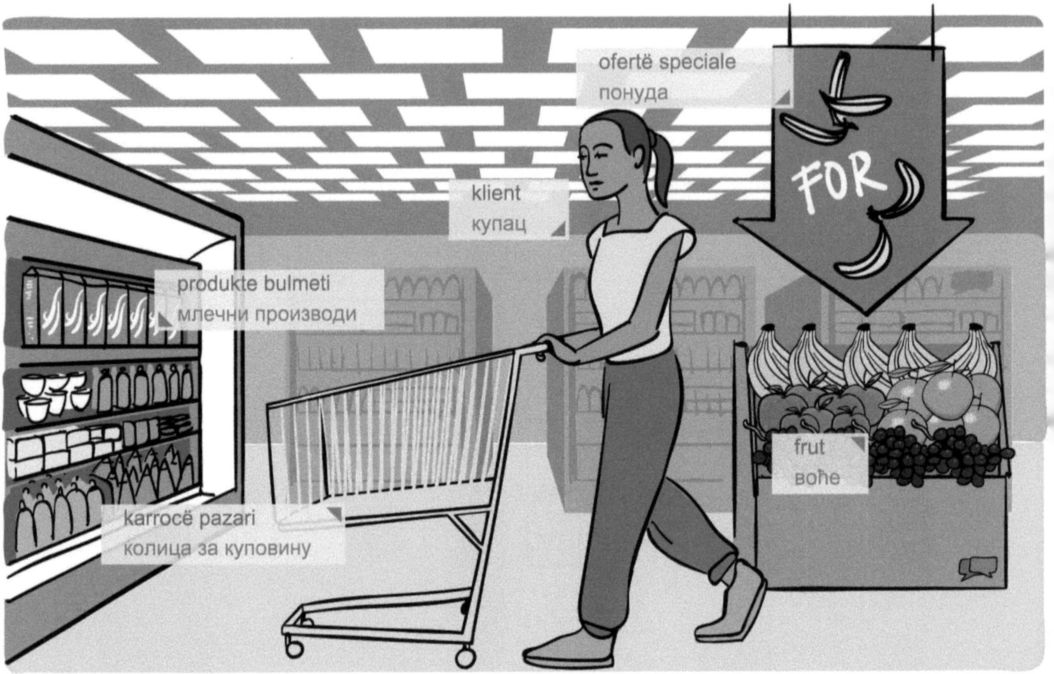

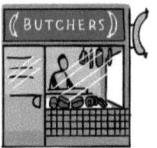

dyqan mishi

месница

BAKERY

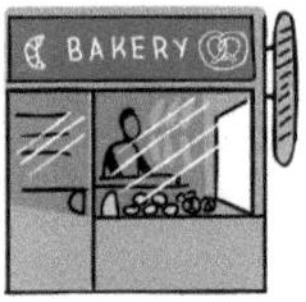

furrë buke

пекара

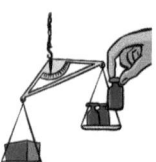

peshoj

вагати

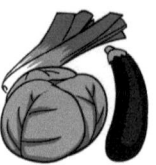

perime

поврће

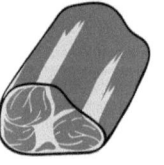

mish

месо

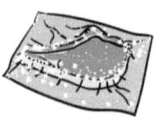

ushqim i ngrirë

смрзнута храна

copë

нарезак

ushqim i konservuar

конзерве

pluhur larës

средство за прање

ëmbëlsirat

слаткиши

prodhime shtëpie

артикли за домаћинство

produkte pastrimi

средства за чишћење

shitëse

продавачица

kasë fiskale

благајна

arkëtar

благајник

listë blerjeje

листа за куповину

oraret e punës

време рада

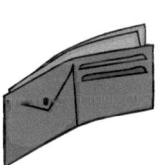

portofol

новчаник

kartë krediti

кредитна картица

çantë

торба

qese plastike

пластична кеса

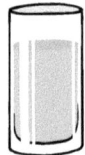

ujë

вода

lëng frutash

сок

qumësht

млеко

koka-kola

кола

verë

вино

birrë

пиво

alkool

алкохол

kakao

какао

çaj

чај

kafe

кава

kafe ekspres

еспресо

kapuçino

капучино

banane

банана

mollë

јабука

portokalle

наранџа

pjepër

лубеница

limon

лимун

karrotë

шаргарепа

hudhër

бели лук

bambu

бамбус

qepë

лук

kërpudha

гљива

arra

орашасти плодови

makarona

резанци

spageti

шпагете

oriz

рижа

sallatë

салата

patate të skuqura

помфрит

patate të skuqura

печени крумпир

pica

пица

hamburger

хамбургер

sanduiç

сендвич

shnicel

шницла

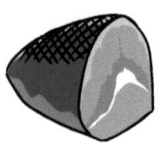

proshutë

шунка

sallam

салама

salçiçe

кобасица

pulë

кокош

skuq

печење

peshk

риба

tërshërë

зобене пахуљице

drithëra

мусли

kornfleiks

кукурузне пахуљице

miell

брашно

kruasant

кроасан

panine

пециво

bukë

хлеб

tost

тоаст

biskotë

кекси

gjalp

маслац

gjizë

свежи сир

tortë

колач

vezë

јаје

vezë sy

јаје на око

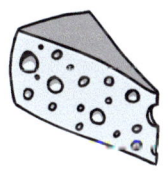

djathë

сир

akullore

сладолед

sheqer

шећер

mjaltë

мед

marmaladë

мармелада

çokokrem

нугат крема

këri

кари

shtëpi fermë
сеоска кућа

hangar
амбар

deng bari
бале сена

fushë
поље

kal
коњ

rimorkio
приколица

traktor
трактор

kërriç
ждребе

gomar
магарац

qengj
лане

dele
овца

dhi
....
коза

lopë
....
крава

viç
....
теле

derr
....
свиња

derrkuc
....
прасе

dem
....
бик

patë

гуска

rosë

патка

zog pule

пилићи

pulë

кокош

gjel

петао

mi

пацов

mace

мачка

mi

миш

buall

вол

qen

пас

kolibe qeni

кућица за пса

zorrë vaditëse

вртно црево

vaditëse

канта за поливање

kosë

коса

plug

плуг

draprër

срп

shat

мотика

kosa

виљушка за ђубриво

sëpatë

секира

karrocë

тачке

govatë

корито

bidon qumështi

посуда за млеко

thes

врећа

gardh

ограда

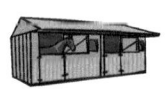

ahur

штала

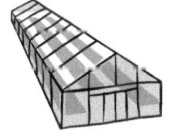

serë

стакленик

dhe

земља

farë

семе

pleh

ђубриво

autokombanjë

комбајн

korr

жети

te korrat

жетва

patate e ëmbël "Yam"

јамс зачин

grurë

пшеница

soja

соја

patate

крумпир

misër

кукуруз

raps

уљана репица

pemë frutore

воћка

zhardhok manioku

гомољ маниоке

drithëra

житарице

fermë - сеоско газдинство

shtëpi
кућа

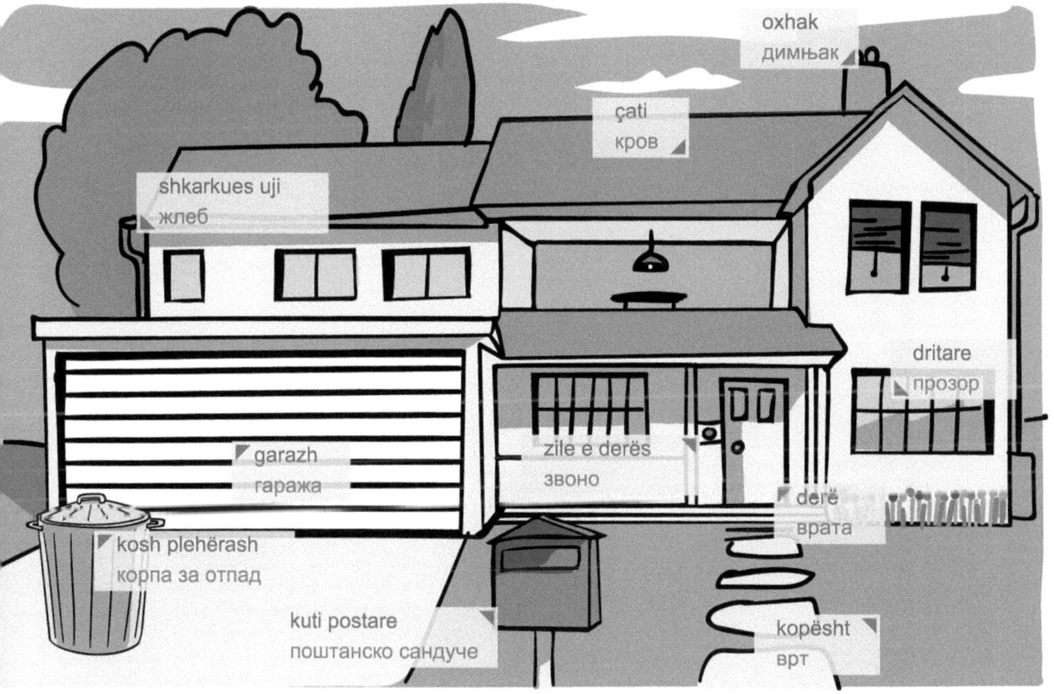

oxhak
димњак
çati
кров
shkarkues uji
жлеб
dritare
прозор
garazh
гаража
zile e derës
звоно
derë
врата
kosh plehërash
корпа за отпад
kuti postare
поштанско сандуче
kopësht
врт

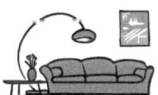

dhomë ndenjeje

дневна соба

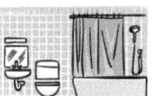

tualet

купаоница

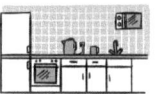

kuzhinë

кухиња

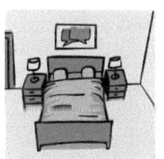

dhomë gjumi

спаваћа соба

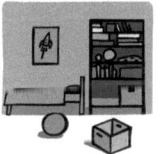

dhomë fëmijësh

дечија соба

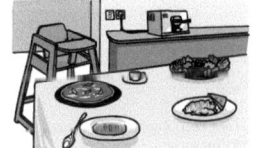

dhomë ngrënieje

трпезарија

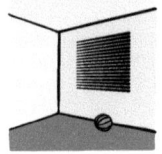

dysheme

под

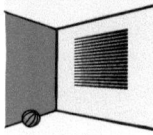

mur

зид

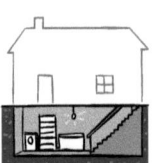

tavan

строп

bodrum

подрум

sauna

сауна

ballkon

балкон

tarracë

тераса

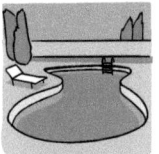

pishinë

базен

kositëse bari

косилица за траву

çarçaf

постељина за кревет

kuvertë

дека за кревет

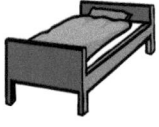

krevat

кревет

fshesë dore

метла

kovë

канта

çelës

прекидач

dhomë ndenjeje
дневна соба

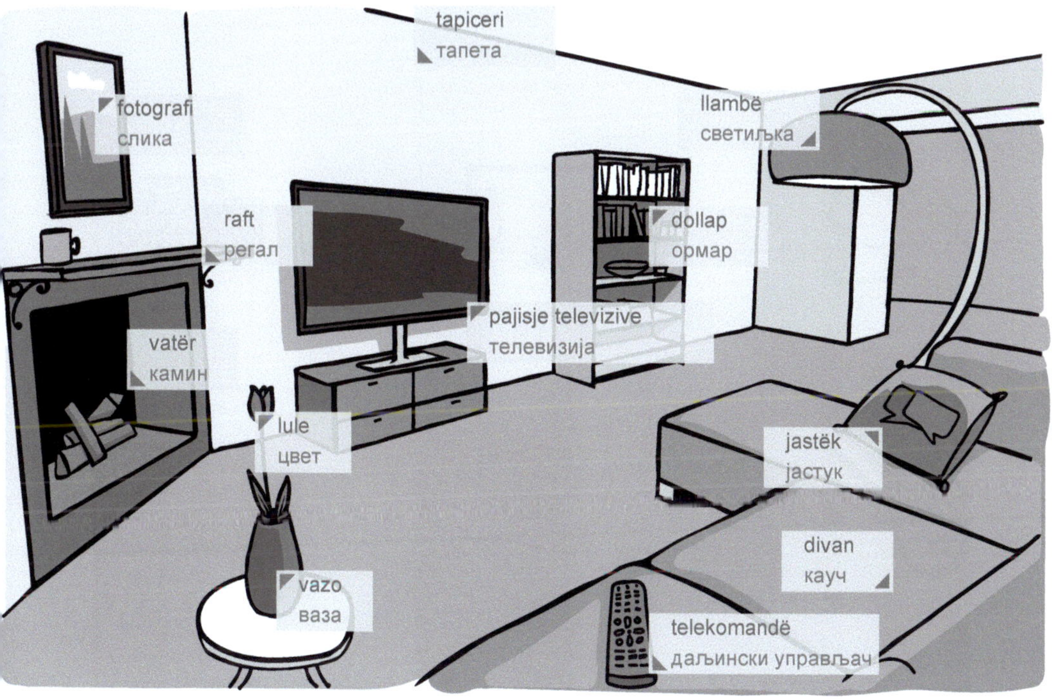

tapiceri
тапета
fotografi
слика
llambë
светиљка
raft
регал
dollap
ормар
pajisje televizive
телевизија
vatër
камин
lule
цвет
jastëk
јастук
divan
кауч
vazo
ваза
telekomandë
даљински управљач

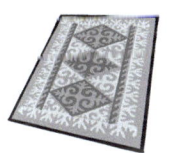

qilim
тепих

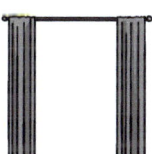

perde
завеса

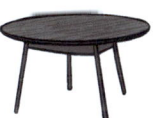

tavolinë
сто

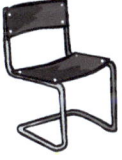

karrige
столица

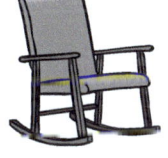

karrige lëkundëse
столица за њихање

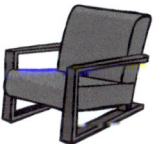

kolltuk
фотеља

libri

књига

batanije

дека

zbukurime

декорација

dru zjarri

дрво за огрев

film

филм

stereo

хи-фи уређај

çelës

кључ

gazetë

новине

pikturë

слика на платну

afishe

постер

radio

радио

bllok shënimesh

блок за писање

fshesë me korent

усисивач

kaktus

кактус

qiri

свећа

kuzhinë

кухиња

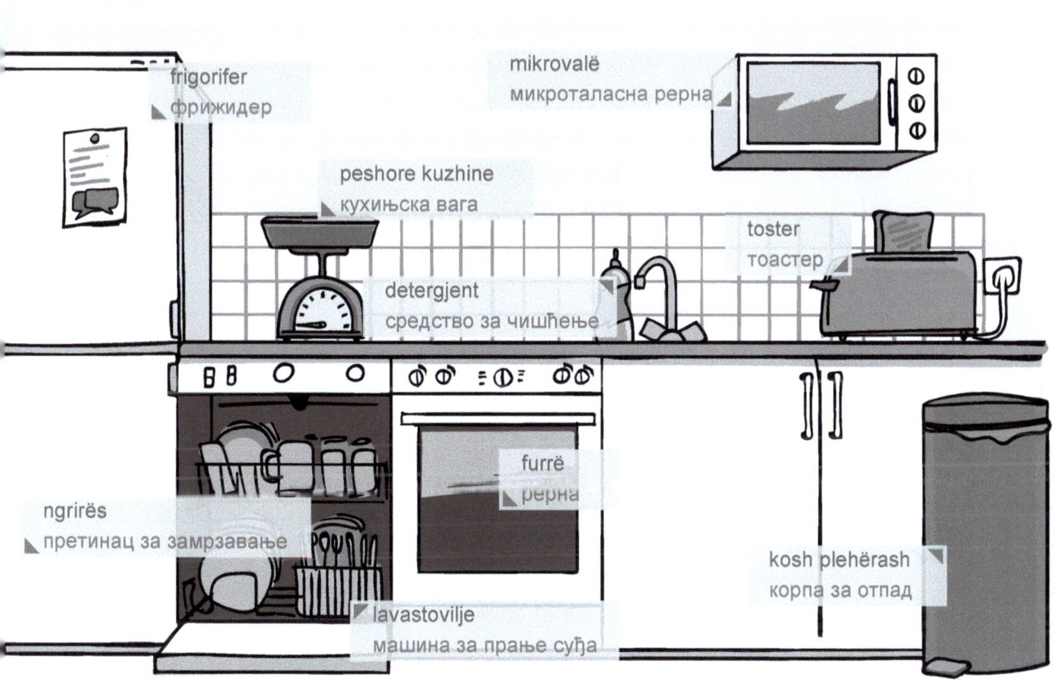

frigorifer
фрижидер
mikrovalë
микроталасна рерна
peshore kuzhine
кухињска вага
toster
тоастер
detergjent
средство за чишћење
furrë
рерна
ngrirës
претинац за замрзавање
kosh plehërash
корпа за отпад
lavastovilje
машина за прање суђа

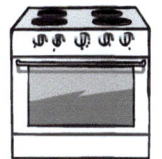

sobë

шпорет

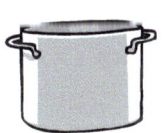

tenxhere

лонац

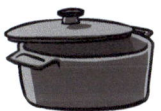

tenxhere me kapak

гвоздени лонац

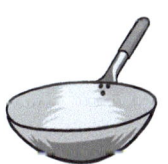

tigan special (Wok)

вок / кадаи

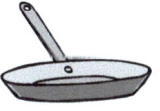

tigan

тава

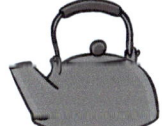

çajnik

кувало за воду

tenxhere me avull

кувало на пару

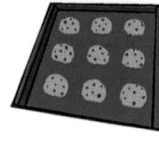

tavë pjekjeje

лим за печење

enë

посуђе

filxhan

чаша

tas

посуда

shkopinj

штапићи за јело

garuzhde

кутлача

spatul

лопатица

tel kuzhine

пењача

kulluese

сито за кување

sitë

сито

rende

рибеж

havan

мужар

skarë

роштиљ

zjarr

огњиште

dërrasë për prerje

даска

okllai

оклагија

heqëse tapash

вадичеп

kanaçe

конзерва

hapëse kanaçeje

отварач конзерви

rrobë për të kapur tenxheren

крпа за лонац

lavaman

судопер

furçë

четка

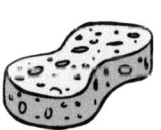

sfungjer

сунђер

përzjerës

миксер

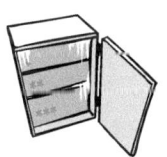

ngrirës

замрзивач

biberon për lëngje

флашица за бебе

rubinet

славина за воду

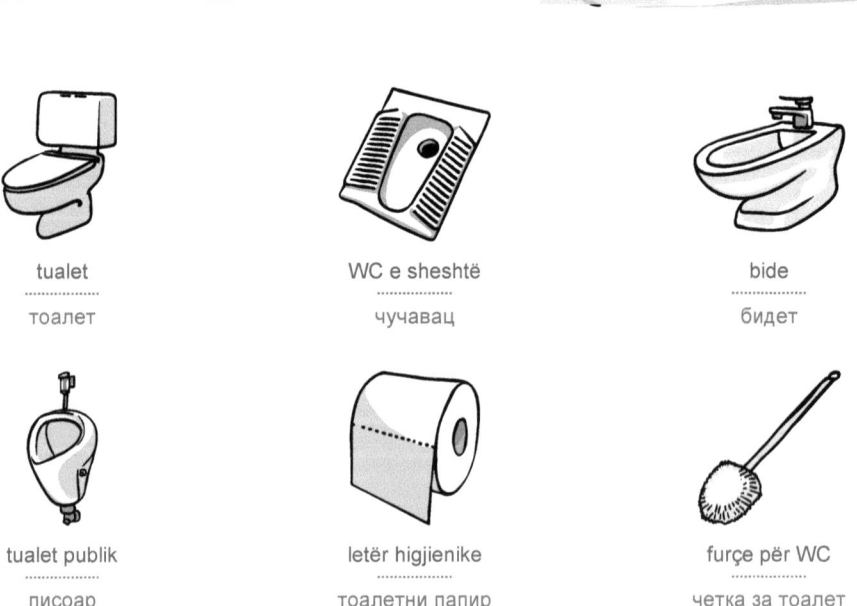

tualet
купаоница

ngrohje
грејање
peshqirë
пешкир
dush
туш
perde dushi
завеса за туш
vaskë me shkumë
пенушава купка
vaskë
када
gotë
чаша
lavatriçe
машина за прање веша
rubinet
славина за воду
pllaka
плочице
oturak
тута
lavaman
судопер

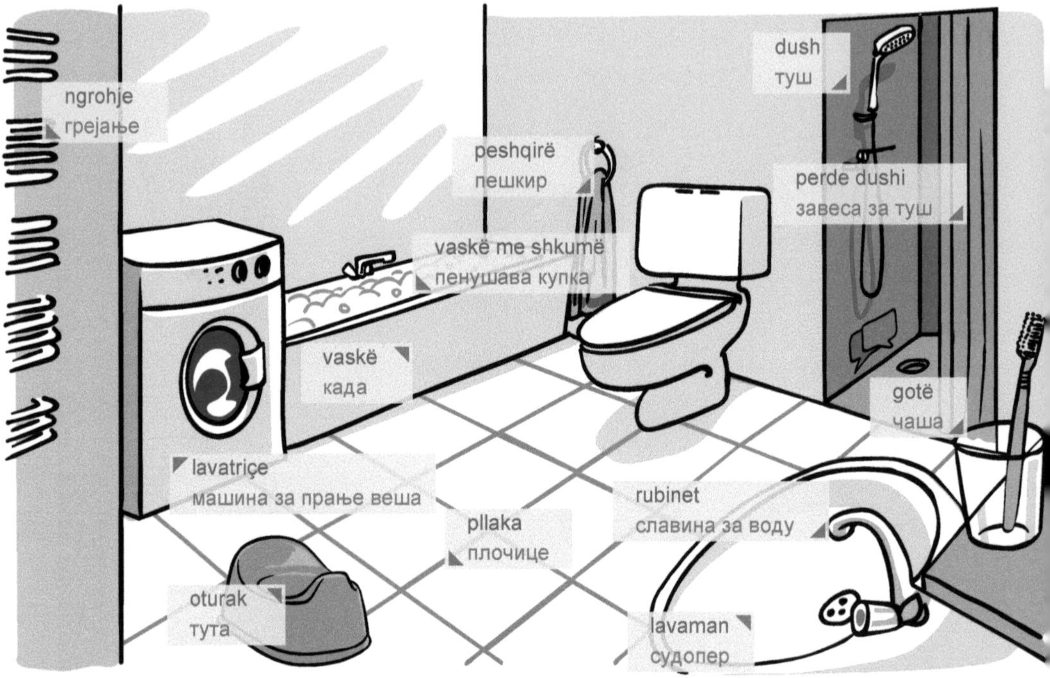

tualet
тоалет

WC e sheshtë
чучавац

bide
бидет

tualet publik
писоар

letër higjienike
тоалетни папир

furçe për WC
четка за тоалет

furçë dhëmbësh

четкица за зубе

pastë dhëmbësh

паста за зубе

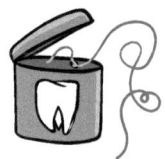

fije dentare

конац за зубе

laj

прати

dorezë dushi

туш ручица

larës për zonën intime

туш за прање интимних
делова

legen

лавор

furçë për masazh shpine

четка за прање леђа

sapun

сапун

shampo trupi

гел за туширање

shampo

шампон

leckë pastruese

крпа за прање

kullues

одвод

krem

крема

antidjorсё

дезодоранс

pasqyrë

огледало

pasqyrë dore

козметичко огледало

brisk rroje

бријач

shkumë rroje

пена за бријање

locion pas rrojes

лосион за после бријања

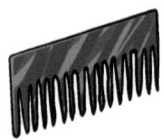

krehër

чешаљ

furçë

четка

tharëse flokësh

фен за косу

llak për flokët

спреј за косу

grim

шминка

buzëkuq

руж за усне

manikyr

лак за нокте

mbushje pambuku

вата

gërshërë për thonj

маказе за нокте

parfum

парфем

çantë për sendet personale

козметичка торбица

Stol

столица

peshore

вага

robëdëshambër

огртач

dorashka gome

рукавице за чишћење

tampon

тампон

peceta higjienike

уложак

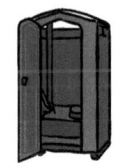

tualet I lëvizshëm

хемијски тоалет

dhomë fëmijësh

дечија соба

orë me zile
будилник
lodra me pellushë
плишана играчка
makinë lodër
ауто играчка
rraketake
звечка
shtëpi kukullash
кућица за лутке
dhuratë
поклон

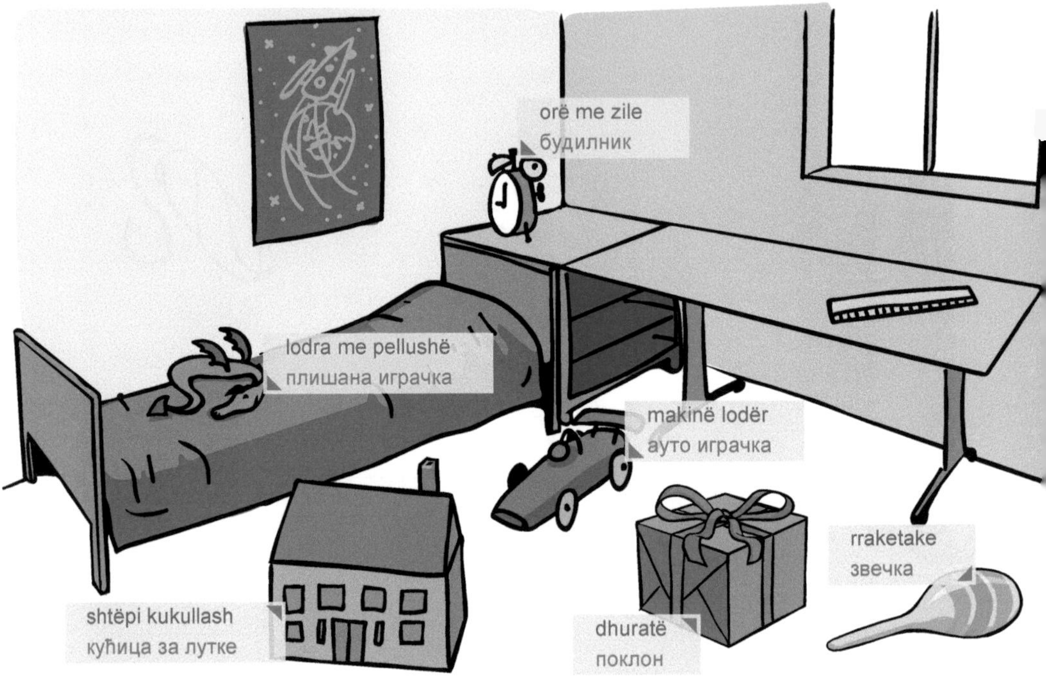

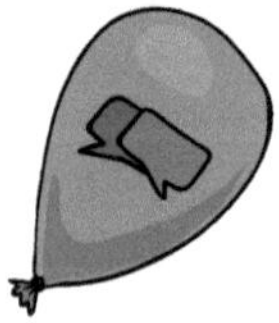

tollumbace

балон

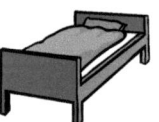

krevat

кревет

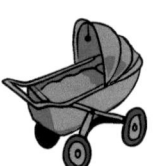

karrocë fëmijësh

дјечија колица

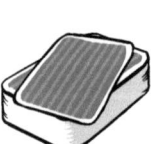

lojë me letra

игра са картама

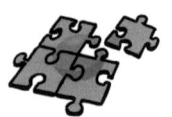

bashkim pjesësh me figura

слагалица

SUPER
MEGA

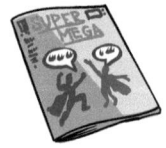

komik

стрип

formuese lodër

лего коцкице

kuba plastikë

коцкице за слагање

lodra

акциони јунак

badi

бенкица за бебе

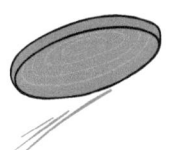

frizbi

фризби

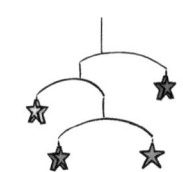

lodra të varura tek krevati i fëmijëve

висеће играчке

tavolinë lojërash

друштвене игре

zare

коцка

model treni

минијатурна жељезница

biberon

дуда

festë

забава

libër me ilustrime

сликовница

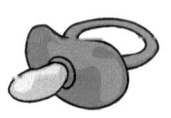

top

лопта

kukull

лутка

luaj

играти

grumbull rëre

пешчаник

kolovarëse

љуљачка

lodra

играчка

leva për lojra video

конзола за игре

triçikël

трицикл

arush prej pellushi

теди

garderobë

ормар

veshje

одећа

çorape

кратке чарапе

çorape të gjata

чарапе

geta

хулахопке

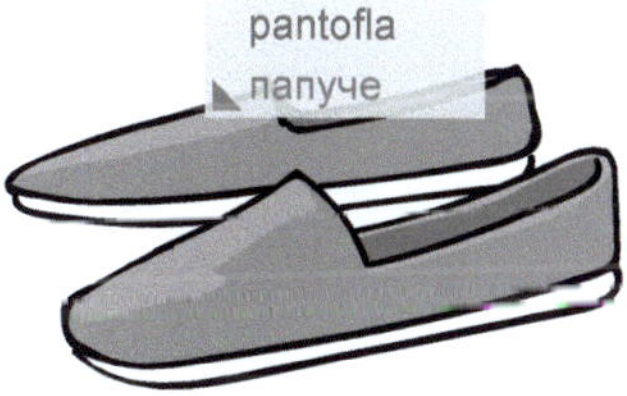

shall
шал

çadër
кишобран

bluzë pa jakë
мајица

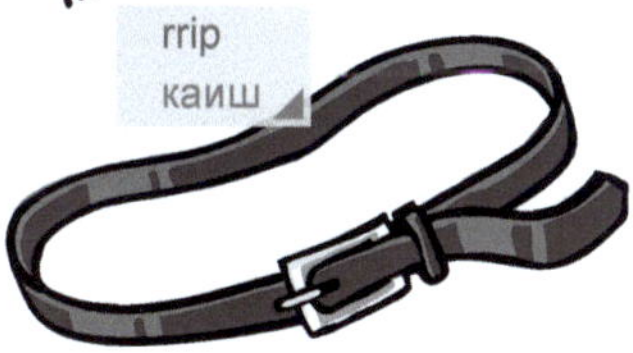

rrip
каиш

çizme
чизме

pantofla
папуче

atlete
патике

sandale
сандале

këpucë
ципеле

çizme llastiku
гумене чизме

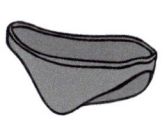

të mbathura
гаћице

reçipeta
грудњак

kanotierë
поткошуља

trup

боди

pantallona

панталоне

xhinse

фармерке

fund

сукња

bluzë

блуза

këmishë

кошуља

pulovër

џемпер

triko

џемпер с капуљачом

xhaketë

сако

xhaketë

јакна

pallto

мантил

mushama shiu

кабаница

kostum

костим

fustan

хаљина

fustan nusërie

венчаница

kostum

одело

këmishë nate

спаваћица

pizhama

пиџама

sari (veshje tradicionale indiane)

сари

shami koke

марама за главу

çallmë

турбан

veshje për femrat e besimit musliman

бурка

kaftan (lloj veshjeje tradicionale)

кафтан

ferexhe

абаја

kostum banje

купаћи костим

rroba banje

купаће гаћице

pantallona të shkurtra

кратке панталоне

tuta sporti

одећа за тренинг

përparëse

кецеља

dorashka

рукавице

kopsë

дугме

syze

наочаре

byzylyk

наруквица

gjerdan

огрлица

unazë

прстен

vath

наушница

kapuç

капа

varëse për pallto

вешалица

kapele

шешир

kravatë

кравата

zinxhir

патент затварач

helmetë

кацига

tiranda

нараменице

uniformë shkolle

школска униформа

uniformë

униформа

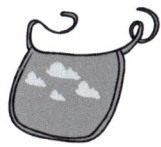

gushore

подбрадак

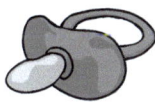

biberon

дуда

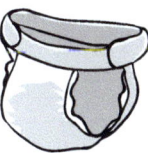

pelenë

пелена

zyrë

канцеларија

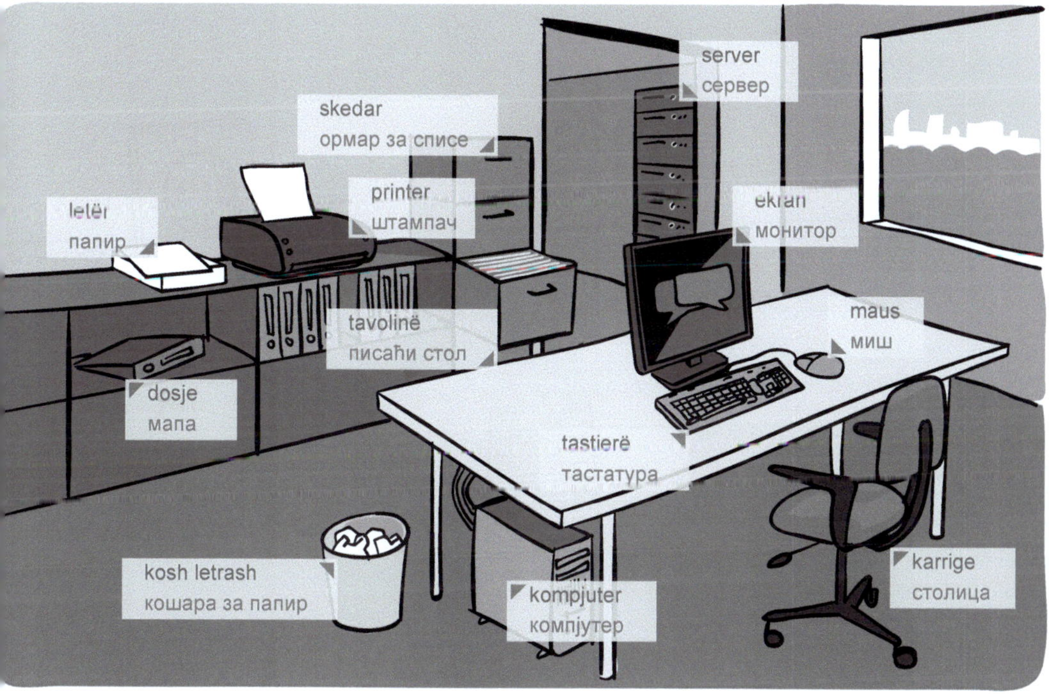

server
сервер
skedar
ормар за списе
letër
папир
printer
штампач
ekran
монитор
maus
миш
tavolinë
писаћи сто
dosje
мапа
tastierë
тастатура
kosh letrash
кошара за папир
kompjuter
компјутер
karrige
столица

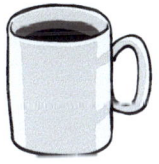

filxhan kafeje

шалица за каву

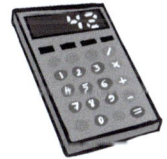

makinë llogaritëse

калкулатор

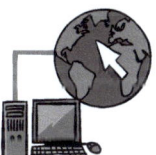

internet

интернет

kompjuter portativ

лаптоп

letër

писмо

mesazh

порука

telefon

мобилни телефон

rrjet

мрежа

fotokopje

уређај за копирање

program

софтвер

telefon

телефон

prizë

утичница

pajisje faksi

факс

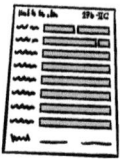

formular

формулар

dokument

документ

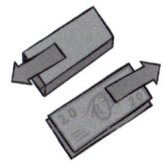

blej

куповати

paguaj

платити

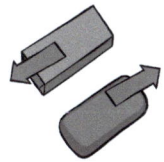

tregtoj

трговати

para

новац

dollar

долар

euro

евро

jen

јен

rubla

рубља

franga zvicerane

швајцарски франак

juani kinez

ренминдби јуан

rupje

рупија

bankomat

аутомат за новац

pikë këmbimi valutor

мењачница

ar

злато

argjend

сребро

nafta

нафта

energji

енергија

çmim

цена

kontratë

уговор

taksë

порез

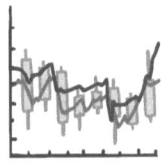

aksione

деонице

punoj

радити

punonjës

службеник

punëdhënës

послодавац

fabrikë

фабрика

dyqan

продавница

profesionet
занимања

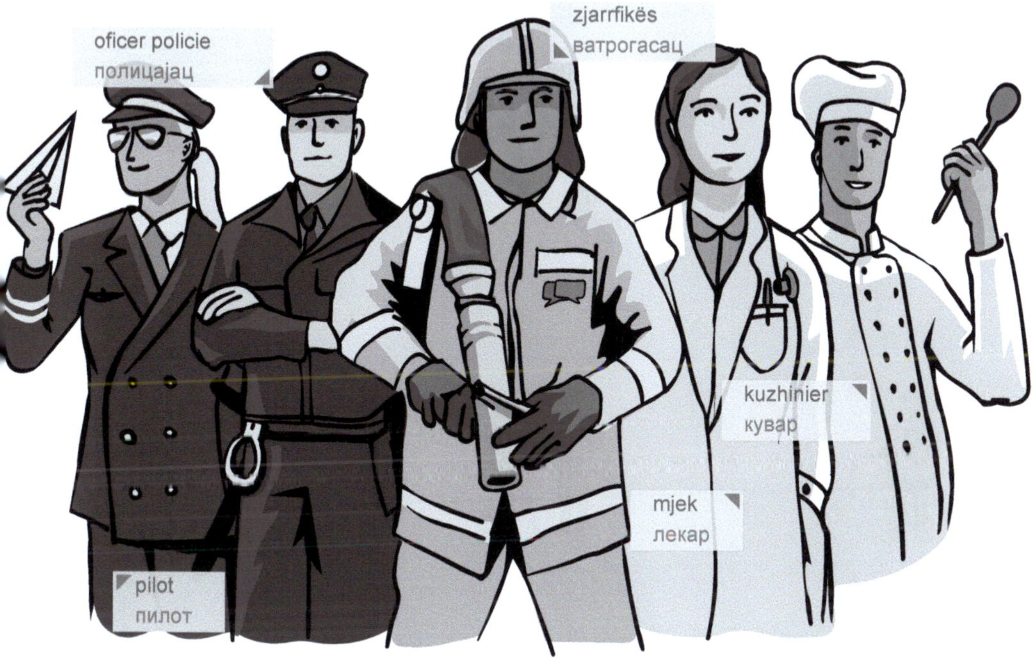

oficer policie
полицајац
zjarrfikës
ватрогасац
kuzhinier
кувар
mjek
лекар
pilot
пилот

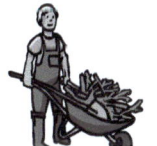

kopshtar

вртлар

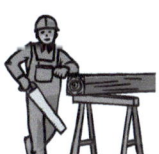

marangoz

столар

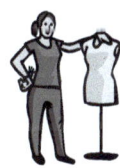

rrobaqepëse

кројачица

gjykatës

судија

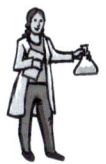

kimist

хемичар

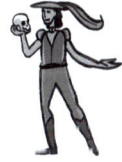

aktor

глумац

shofer autobuzi

возач аутобуса

taksist

возач таксија

peshkatar

рибар

pastruese

чистачица

riparues çatish

кровопокривач

kamarier

конобар

gjuetar

ловац

piktor

сликар

furrxhi

пекар

elektriçist

електричар

ndërtues

грађевински радник

inxhinier

инжењер

kasap

месар

hidraulik

лимар

postieri

поштар

ushtar

војник

arkitekt

архитекта

arkëtar

благајник

luleshitës

цвећар

berber

фризер

kontrollor

кондуктер

mekanik

механичар

kapiten

капетан

dentist

зубар

shkencëtar

научник

rabin

раби

imam

имам

murg

монах

klerik

свећеник

mjete

алати

pinca
клешта
çekiç
чекић
kaçavidë
одвијач
elektrik dore
џепна лампа
çelës mekanik
кључ за завртње

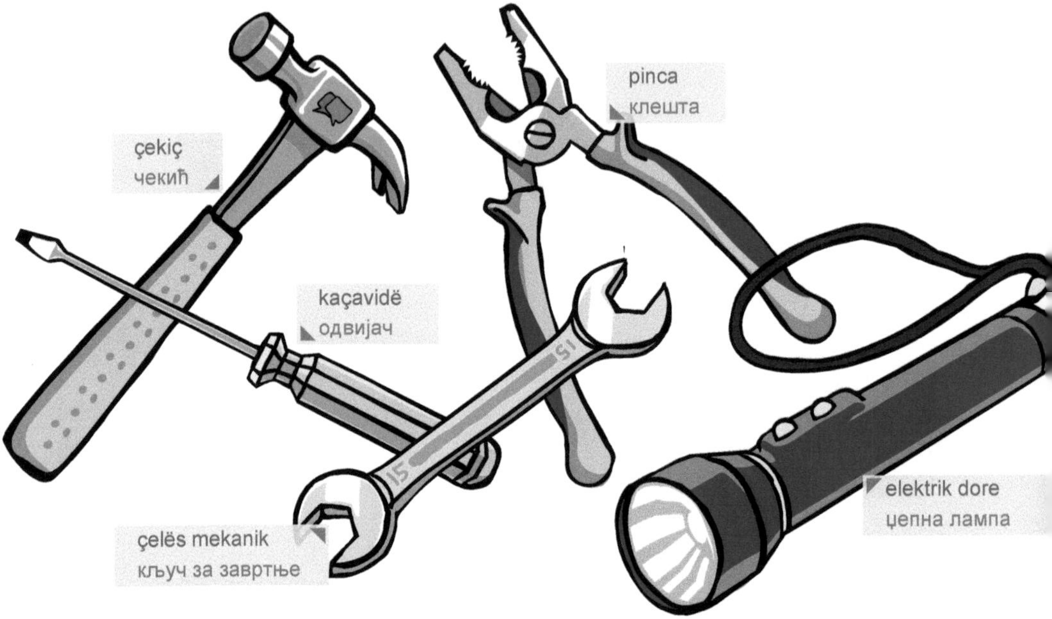

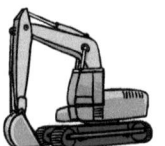

ekskavator

багер

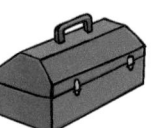

kuti veglash

кутија за алат

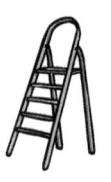

shkallë

мердевине

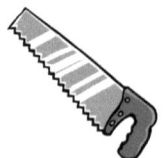

sharrë

пила

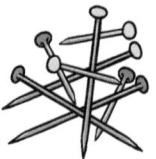

gozhdë

ексер

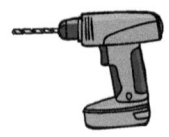

trapan

бушилица

riparoj

поправити

lopatë

лопата

Dreq!

до ђавола!

kaci

лопатица

kuti boje

лонац за боју

vidhë

завртањи

instrumenta muzikorë
музички инструмент

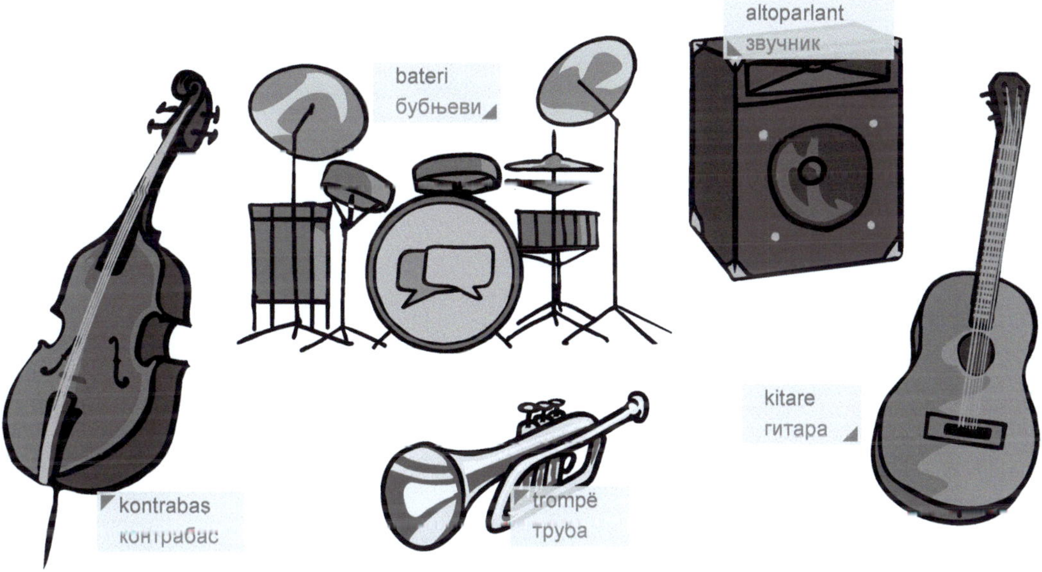

bateri
бубњеви

altoparlant
звучник

kontrabas
контрабас

trompë
труба

kitare
гитара

piano

клавир

violinë

виолина

bas

бас

tamburë

тимпани

daulle

удараљке за бубњеве

tastierë pianoje

типке клавира

saksofon

саксофон

flaut

флаута

mikrofon

микрофон

instrumenta muzikorë - музички инструмент

kopsht zoologjik

зоолошки врт

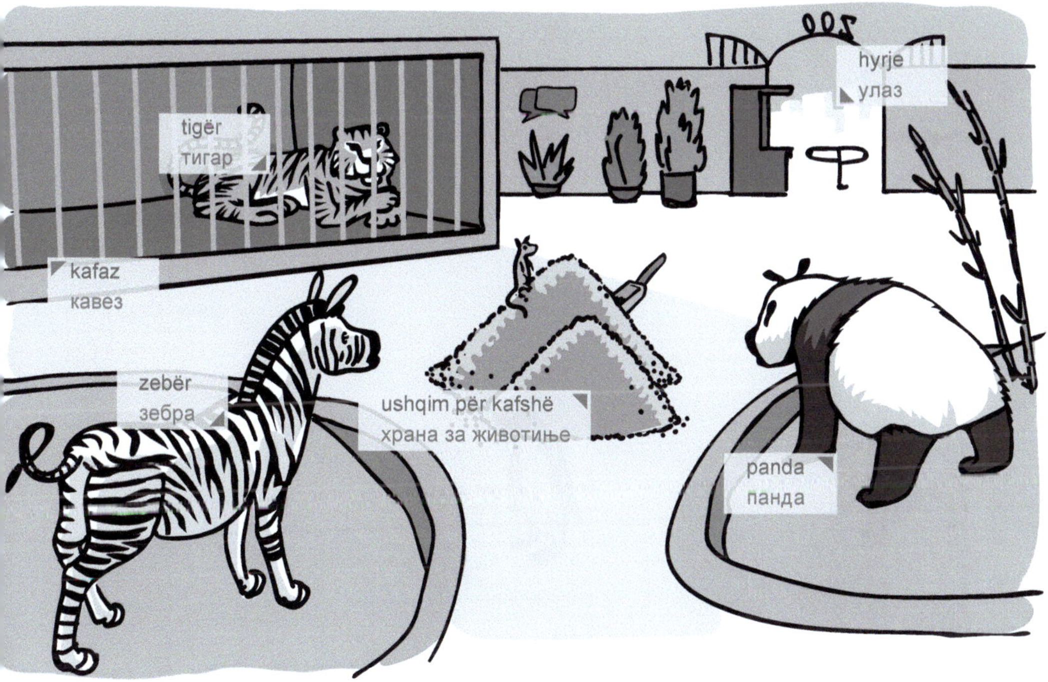

hyrje
улаз
tigër
тигар
kafaz
кавез
zebër
зебра
ushqim për kafshë
храна за животиње
panda
панда

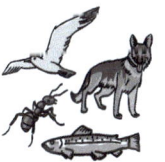

kafshë

животиње

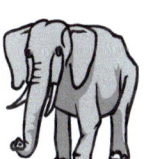

elefant

слон

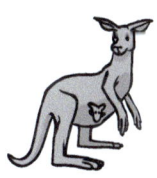

kangur

кенгур

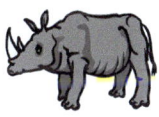

rinoceront

носорог

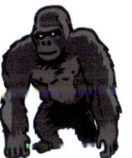

gorillë

горила

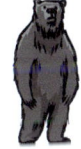

ari

медвед

deve

камила

struc

нoj

luan

лав

majmun

мajмун

flamingo

фламинго

papagall

папагаj

ari polar

поларни медвед

pinguin

пингвин

peshkaqen

аjкула

pallua

паун

gjarpër

змиja

krokodil

крокодил

punonjës i kopshtit zoologjik

чувар у зоолошком врту

fokë

туљан

xhaguar

jaгуар

poni

пони

leopard

леопард

hipopotam

нилски коњ

gjirafë

жирафа

shqiponjë

орао

derr i egër

дивља свиња

peshk

риба

breshkë

корњача

lopë deti

морж

dhelpër

лисица

gazelë

газела

futboll amerikan
амерички ногомет

çiklizëm
бициклизам

tenis
тенис

basketboll
кошарка

not
пливање

boks
бокс

hokej mbi akull
хокеј на леду

futboll
фудбал

badminton
бадминтон

atletikë
атлетика

hendboll
рукомет

ski
скијање

polo
поло

hidhem
скочити

përqafoj
загрлити

qesh
смејати се

eci
ићи

këndoj
певати

ëndërroj
сањати

lutem
молити се

puth
пољубити

shkruaj
писати

vizatoj
цртати

tregoj
показати

shtyj
гурати

jap
дати

marr
узети

aktivitet - активности

63

kam

имати

bëj

чинити

jam

бити

qëndroj

стојати

vrapoj

трчати

tërheq

повлачити

hedh

бацити

bie

падати

shtrihem

лежати

pres

чекати

mbaj

носити

ulem

седити

vishem

облачити

fle

спавати

zgjohem

пробудити се

shikoj

гледати

qaj

плакати

përkëdhel

миловати

kreh

чешљати

bisedoj

говорити

kuptoj

разумети

kërkoj

питати

dëgjoj

слушати

pi

пити

ha

јести

sistemoj

поспремити

dashuroj

волети

gatuaj

кухати

drejtoj makinën

возити

fluturoj

летети

lundroj

пловити

llogaris

рачунати

lexoj

читати

mësoj

учити

punoj

радити

martohem

венчати се

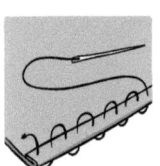

qep

шити

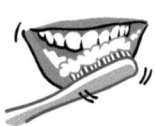

laj dhëmbët

прати зубе

vras

убити

tymos

пушити

dërgoj

послати

familje

породица

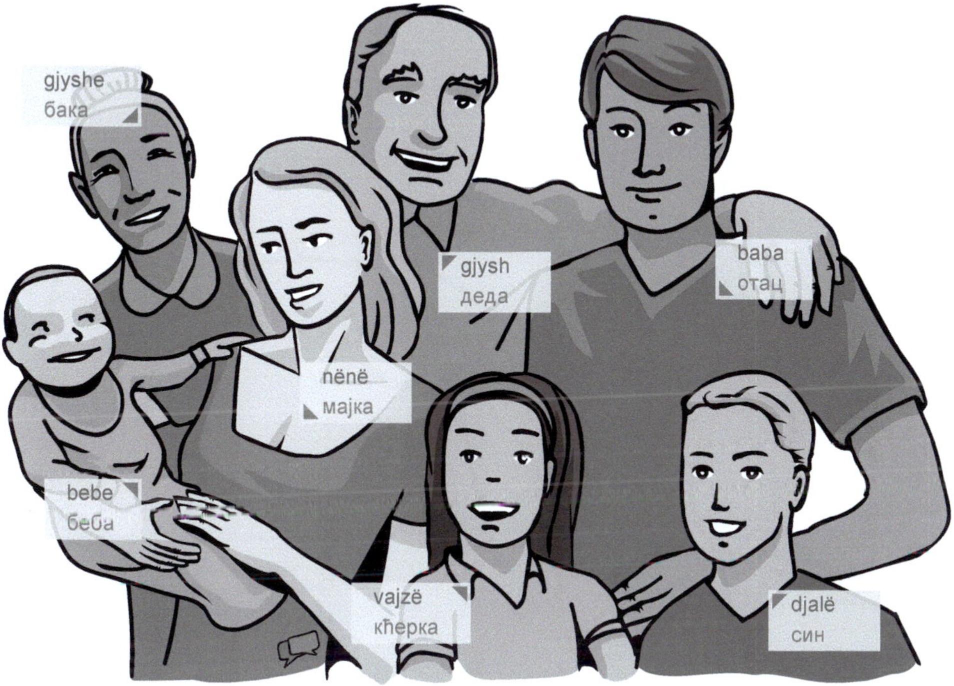
gjyshe
бака
gjysh
деда
baba
отац
nënë
мајка
bebe
беба
vajzë
ћерка
djalë
син

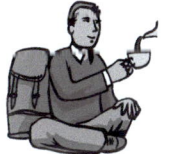

mysafir
гост

teze, hallë
тетка

dajë, xhaxha
ујак, стриц

vëlla
брат

motër
сестра

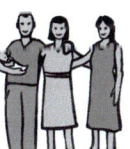

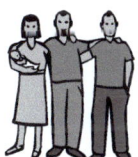

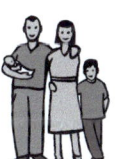

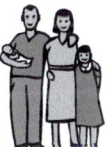

trupi

тело

balli
чело
syri
око
shpatulla
раме
gishti
прст
fytyra
лице
mjekra
брада
dora
рука
këmba
нога
krahërori
груди
krahu
рука

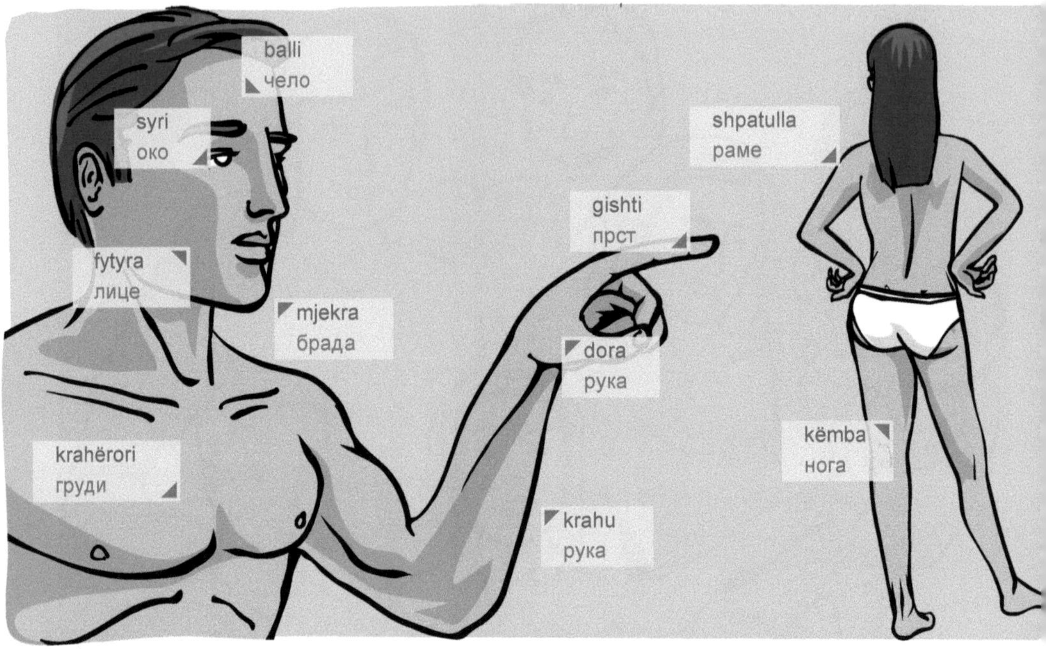

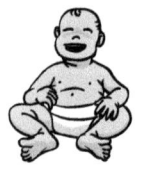

bebe

беба

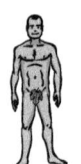

burrë

мушкарац

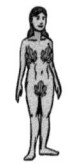

grua

жена

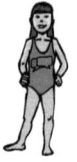

vajzë

девојчица

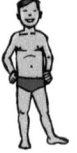

djalë

дечак

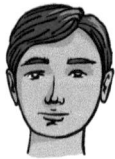

koka

глава

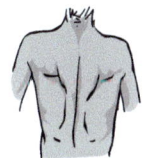

shpina

леђа

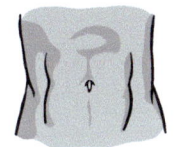

barku

стомак

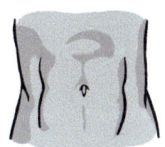

kërthiza

пупак

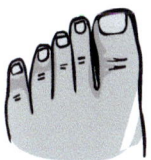

gisht këmbe

ножни прст

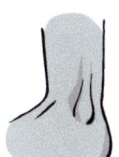

Thembra

пета

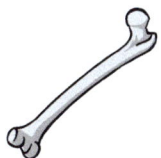

kockë

кост

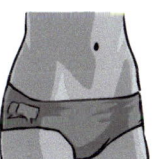

legeni

кукови

gjuri

колено

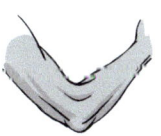

bërryli

лакат

hunda

нос

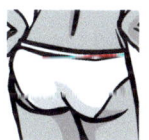

vithe

задњица

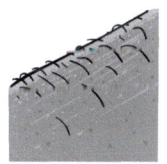

lëkura

кожа

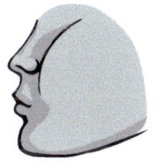

faqja

образ

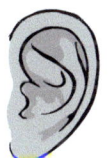

veshi

уво

buza

усна

goja

уста

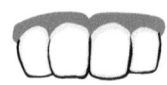

dhëmbët

зуб

gjuha

језик

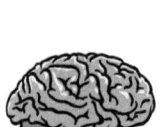

truri

мозак

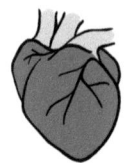

zemra

срце

muskul

мишић

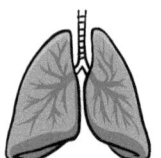

mushkëria

плућа

mëlçia

јетра

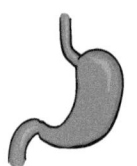

stomaku

желудац

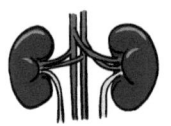

veshka

бубрези

seks

полни однос

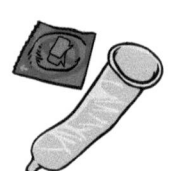

prezervativ

кондом

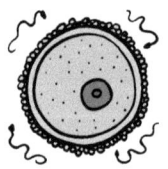

veza

јајна ћелија

sperma

сперма

shtatëzani

трудноћа

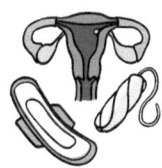

menstruacione

менструација

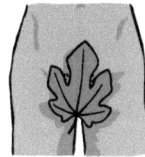

vagina

вагина

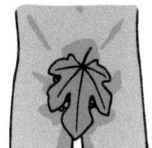

penis

пенис

vetulla

обрва

flokët

коса

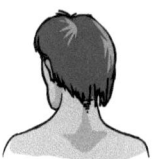

qafa

врат

spital
болница

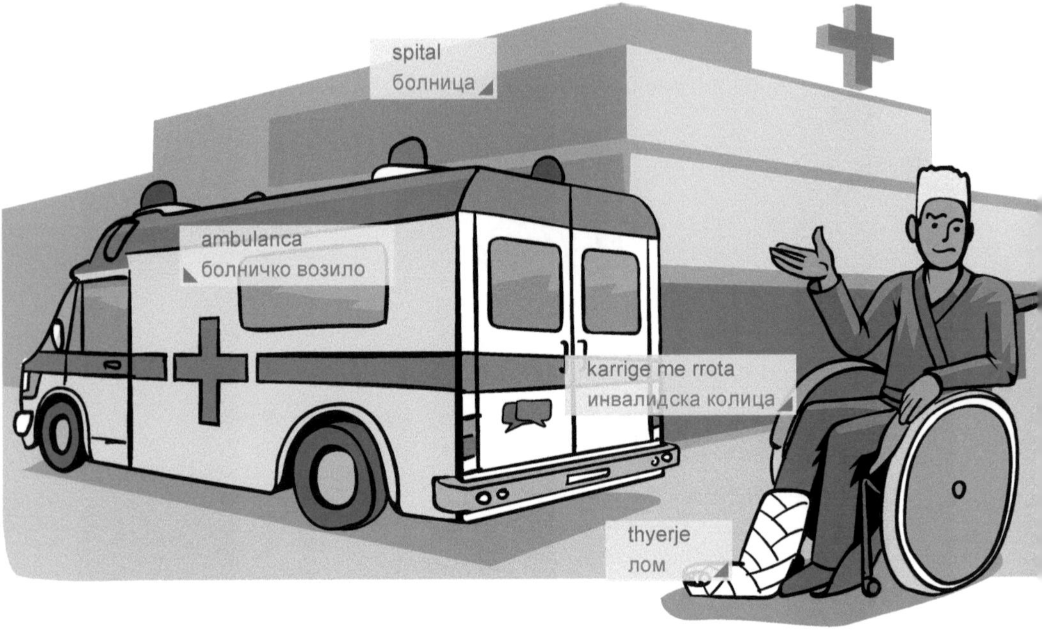

spital
болница
ambulanca
болничко возило
karrige me rrota
инвалидска колица
thyerje
лом

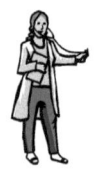

mjek
лекар

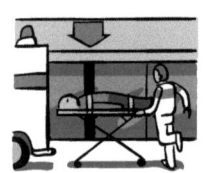

sallë urgjencash
хитна медицинска служба

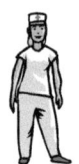

infermiere
медицинска сестра

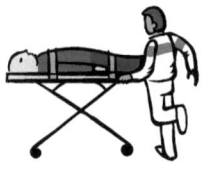

emergjencë
хитни случај

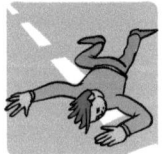

i pandërgjegjshëm
несвест

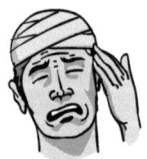

dhimbje
бол

dëmtim

повреда

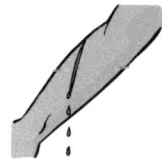

gjakosje

крварење

infarkt

срчани удар

goditje

удар

alergji

алергија

kolla

кашаљ

ethe

грозница

grip

грипа

diarre

пролив

dhimbje koke

главобоља

kancer

рак

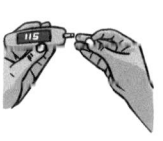

diabet

дијабетес

kirurg

хирург

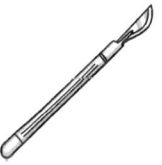

bisturi

скалпел

operacion

операција

CT (skaner)
цт

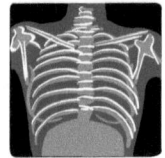

radiografi
рентген

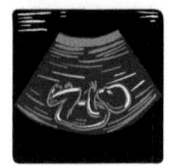

ultratingull
ултразвук

maskë fytyre
маска

sëmundje
болест

dhomë pritjeje
чекаона

paterica
штака

leukoplast
фластер

fasho
завој

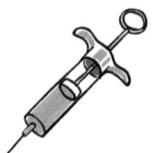

injeksion
ињекција

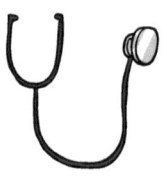

stetoskop
стетоскоп

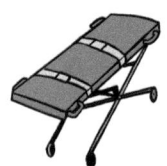

barelë
носила

termometër
термометар

lindje
рођење

mbipeshë
прекомерна тежина

spital - болница

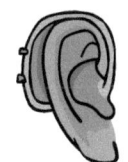

aparat dëgjimi

слушни апарат

dezinfektant

средство за дезинфекцију

infeksion

инфекција

virus

вирус

HIV / AIDS

хив / аидс

mjekësi, mjekim

медицина

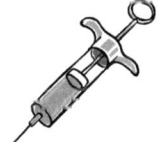

vaksinim

вакцинација

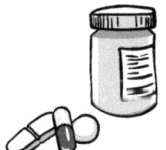

tableta

таблете

pilulë

пилула

telefonatë emergjence

хитни позив

aparat tensioni

уређај за мерење притиска

i sëmurë / i shëndetshëm

болесно / здраво

Ndihmë!

помоћ!

alarm

аларм

sulm

насртај

atak

напад

rrezik

опасност

dalje emergjence

излаз у случају нужде

Zjarr!

пожар!

fikëse zjarri

противпожарни апарат

aksident

незгоца

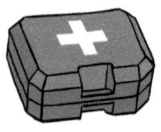

kuti e ndimës së shpejtë

кутија прве помоћи

SOS

сос

policia

полиција

Europa

Европа

Amerika e Veriut

Северна Америка

Amerika e Jugut

Јужна Америка

Afrika

Африка

Azia

Азија

Australia

Аустралија

Atlantiku

Атлантик

Paqësori

Пацифик

Oqeani Indian

Индијски океан

Oqeani Antarktik

Антарктички океан

Oqeani Arktik

Арктички океан

Poli i veriut

Северни рол

Poli i Jugut

Јужни рол

Antarktida

Антарктик

toka

земља

tokë

земља

det

море

ishull

оток

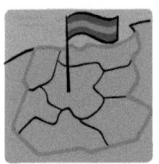

komb

нација

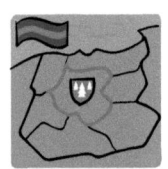

shtet

држава

toka - земља

fusha e orës

бројчаник сата

akrepi i orës

сатна казаљка

akrepi i minutave

минутна казаљка

akrepi i sekondave

секундна казаљка

Sa është ora?

Колико је сати?

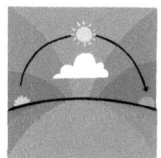

ditë

дан

kohë

време

tani

сада

orë dixhitale

дигитални сат

minutë

минута

orë

час

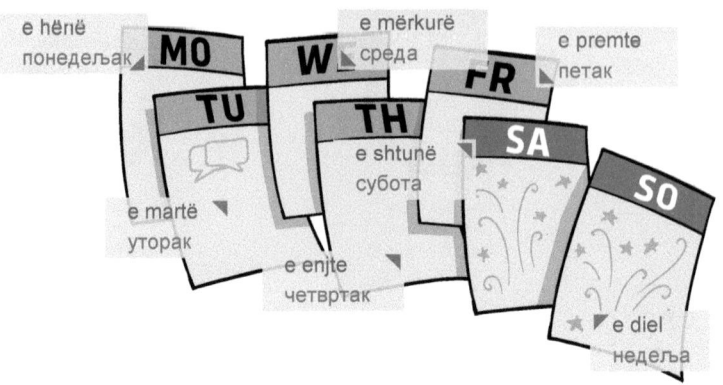

e hënë / понедељак · e mërkurë / среда · e premte / петак · e martë / уторак · e shtunë / субота · e enjte / четвртак · e diel / недеља

dje

јуче

sot

данас

nesër

сутра

mëngjes

јутро

mesditë

подне

mbrëmje

вече

ditë pune

радни дани

fundjavë

викенд

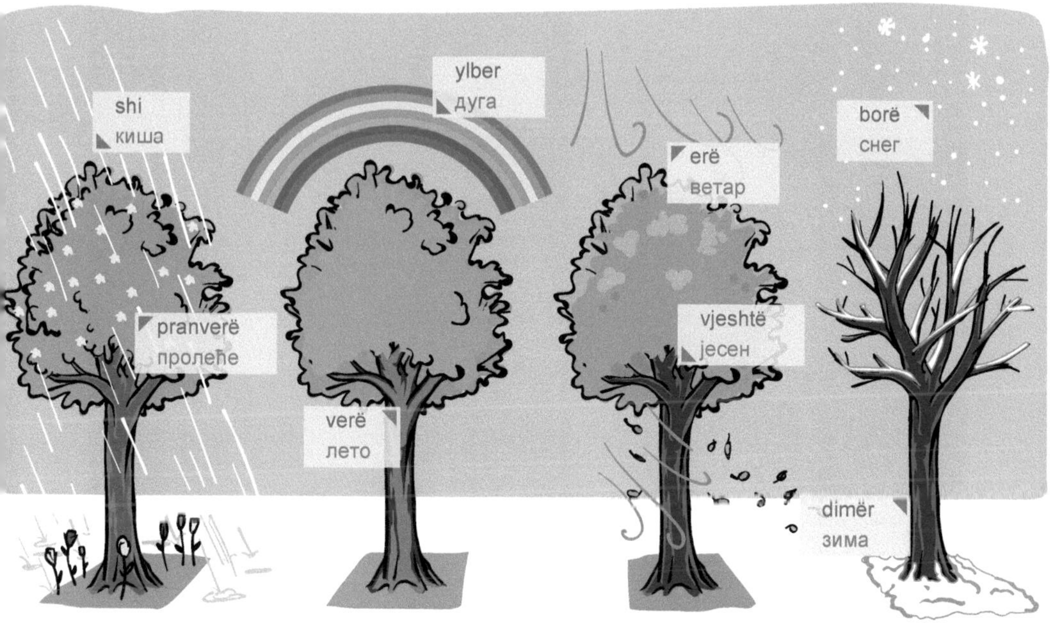

shi
киша
ylber
дуга
erë
ветар
borë
снег
pranverë
пролеће
verë
лето
vjeshtë
јесен
dimër
зима

4.APRIL 11°
5.APRIL 4°
6.APRIL 13°
7.APRIL 8°
8.APRIL 10°

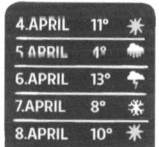

parashikimi i motit

метеоролошка прогноза

F
C

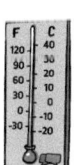

termometër

термометар

ndriçim dielli

сунчана светлост

re

облак

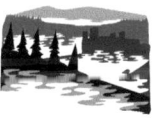

mjegull

магла

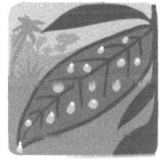

lagështi

влажност ваздуха

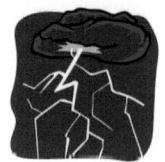

vetëtima

муња

gjëmim

грмљавина

stuhi

олуја

breshër

туча

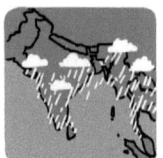

muson

монсун

përmbytje

поплава

akull

лед

janar

јануар

shkurt

фебруар

mars

март

prill

април

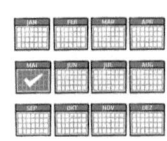

maj

мај

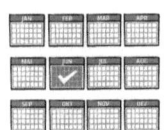

qershor

јуни

korrik

јули

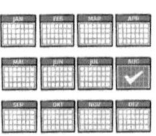

gusht

август

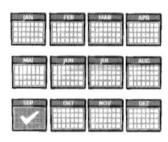

shtator

септембар

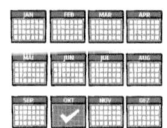

tetor

октобар

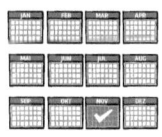

nëntor

новембар

dhjetor

децембар

forma

облици

rreth

круг

katror

квадрат

drejtkëndësh

правоугао

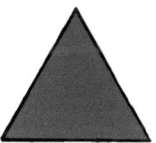

trekëndësh

троугао

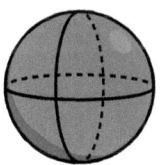

sferë

кугла

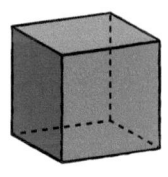

kub

коцка

e bardhë

бела

e verdhë

жута

portokalli

наранџаста

rozë

ружичаста

e kuqe

црвена

vjollcë

љубичаста

blu

плава

e gjelbër

зелена

kafe

смеђа

gri

сива

e zezë

црна

shumë / pak
....
много / мало

i nevrikosur / i qetë
....
љутито / мирно

i bukur / i shëmtuar
....
лепо / ружно

fillim / fund
....
почетак / крај

i madh / i vogël
....
велико / малено

i ndritshëm / i errët
....
светло / тамно

vëlla / motër
....
брат / сестра

e pastër / e pistë
....
чисто / прљаво

e plotë / jo e plotë
....
потпуно / непотпуно

ditë / natë
....
дан / ноћ

gjallë / vdekur
....
мртво / живо

i gjerë / i ngushtë
....
широко / уско

i ngrënshëm / i pangrënshëm

jestivo / nejestivo

i keq / i këndshëm

зло / добро

i lumtur / i mërzitur

узбуђено / досадно

i shëndoshë / i dobët

дебело / мршаво

e para / e fundit

на почетку / на крају

mik / armik

пријатељ / непријатељ

plot / bosh

пуно / празно

e fortë / e butë

тврдо / мекано

e rëndë / e lehtë

тешко / лагано

uri / etje

глад / жеђ

i sëmurë / i shëndetshëm

болесно / здраво

e paligjshme / e ligjshme

илегално / легално

i zgjuar / budalla

паметно / глупо

majtas / djathtas

лево / десно

afër / larg

близу / далеко

e re / e përdorur

ново / половно

asgjë / diçka

ништа / нешто

i moshuar / i ri

старо / младо

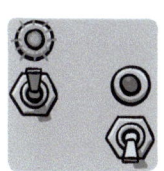

ndezur / fikur

укључено / искључено

hapur / mbyllur

отворено / затворено

i qetë / i zhurmshëm

тихо / гласно

i pasur / i varfër

богато / сиромашно

e drejtë / e gabuar

тачно / погрешно

i ashpër / i butë

храпаво / глатко

i mërzitur / i lumtur

тужно / сретно

i shkurtër / i gjatë

кратко / дуго

ngadalë / shpejt

полако / брзо

i lagësht / i thatë

мокро / сухо

ngrohtë / freskët

топло / хладно

luftö / paqe

рат / мир

0	1	2
zero	një	dy
нула	један	два

3	4	5
tre	katër	pesë
три	четири	пет

6	7	8
gjashtë	shtatë	tetë
шест	седам	осам

9	10	11
nentë	dhjetë	njëmbëdhjetë
девет	десет	једанаест

12

dymbëdhjetë

дванаест

13

trembëdhjetë

тринаест

14

katërmbëdhjetë

четрнаест

15

pesëmbëdhjetë

петнаест

16

gjashtëmbëdhjetë

шестнаест

17

shtatëmbëdhjetë

седамнаест

18

tetëmbëdhjetë

осамнаест

19

nentëmbëdhjetë

деветнаест

20

njëzetë

двадесет

100

qind

стотину

1.000

mijë

хиљаду

1.000.000

milion

милион

anglisht

енглески

anglishte amerikane

амерички енглески

kinezisht mandarin

мандарински кинески

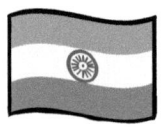

hindi

хиндски

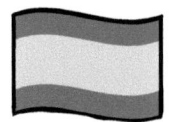

spanjisht

шпански

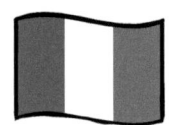

frëngjisht

француски

arabisht

арапски

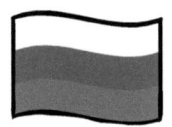

rusisht

руски

portugalisht

португалски

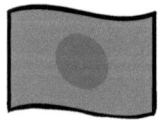

bengalisht

бенгалски

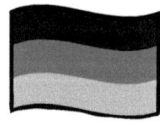

gjermanisht

немачки

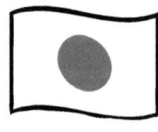

japonisht

јапански

unë
ja

ti
ти

ai / ajo
он / она / оно

ne
ми

ju
ви

ata
они

kush?
Ко?

çfarë?
Шта?

si?
Како?

ku?
Где?

kur?
Када?

emër
име

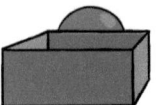

pas

иза

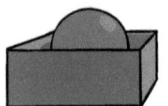

në

у

përballë

испред

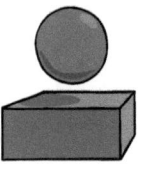

sipër

преко

mbi

на

poshtë

испод

pranë

поред

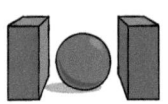

midis

између

vend

место